Voyage au Cœur du Canada

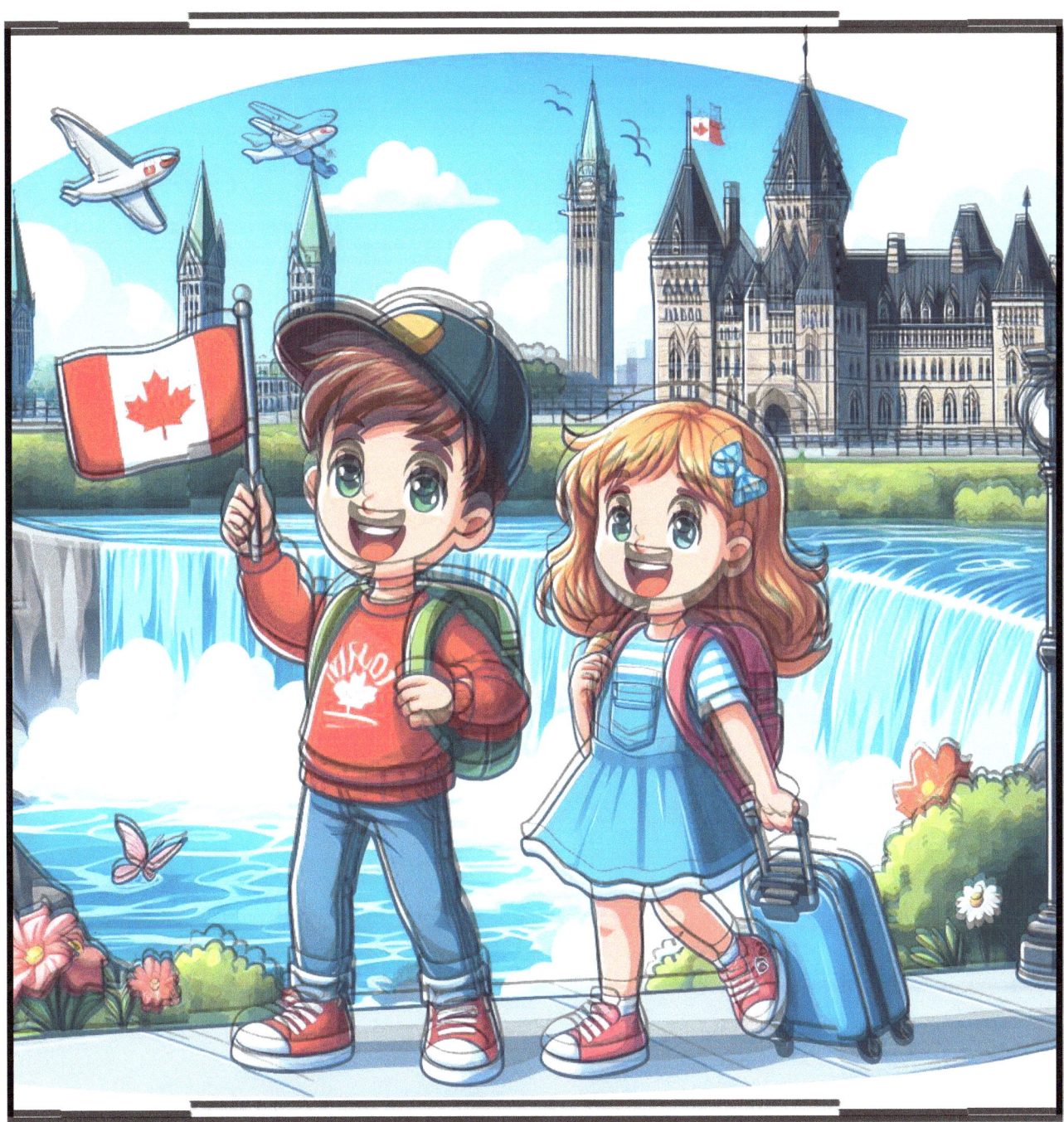

Jack et Olivia étaient remplis d'anticipation à l'idée de leur voyage au Canada. Ensemble, ils se lancèrent dans la planification de leur aventure nordique, désireux de découvrir les vastes paysages, la culture diversifiée et les trésors cachés de ce pays magnifique. Assis autour de la table de la cuisine, ils feuilletaient des livres sur le Canada, visionnaient des vidéos sur les attractions locales et se préparaient à plonger dans cette expérience unique.

Jack, scrutant une carte du Canada : "Regarde ça, Olivia ! Le Canada est tellement immense et varié. Il y a tellement de choses à voir et à faire."

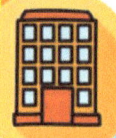

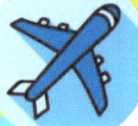

Olivia acquiesça avec enthousiasme, ses yeux pétillants d'anticipation alors qu'ils découvraient les montagnes majestueuses, les lacs cristallins et les villes dynamiques du Canada.

Olivia, pointant du doigt une photo : "Je veux absolument voir les aurores boréales ! Elles sont tellement belles."

Leurs parents se joignirent à eux, apportant avec eux des brochures et des cartes pour planifier leur itinéraire à travers le Canada.

Maman : "Alors, mes petits aventuriers, qu'est-ce qui vous attire le plus au Canada ?"

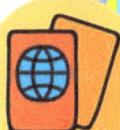

Jack : "Je suis vraiment impatient de découvrir la nature sauvage. Les randonnées dans les parcs nationaux et les observations de la faune seront incroyables."

Papa : "Et moi, je suis curieux d'explorer les villes comme Toronto et Montréal, et d'apprendre davantage sur la culture canadienne. Et bien sûr, je veux goûter à la fameuse poutine !"

Jack et Olivia hochèrent la tête avec excitation, impatients de continuer à planifier leur voyage au Canada. 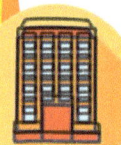 🍁 CA

Leur aventure tant attendue débuta par l'atterrissage à l'aéroport de Toronto. Alors qu'ils descendaient de l'avion, Jack et Olivia furent immédiatement captivés par la vue spectaculaire de la ville s'étendant à perte de vue. Les gratte-ciels imposants se dressaient vers le ciel, témoignant de la grandeur et de la diversité de la plus grande ville du Canada.

Jack, émerveillé par la vue depuis la fenêtre de l'avion : "Regarde ça, Olivia ! Toronto est énorme ! On dirait une forêt de buildings."

Olivia acquiesça avec un sourire émerveillé, ses yeux balayant le panorama urbain avec fascination.

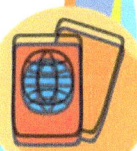

Olivia, serrant la main de son frère : "Je suis tellement excitée, Jack ! Toronto a l'air tellement dynamique et animée."

Leurs parents les guidèrent à travers l'aéroport animé jusqu'à leur hébergement au cœur de la ville. En chemin, ils furent captivés par l'énergie vibrante de Toronto, les quartiers éclectiques, les parcs verdoyants et les rives scintillantes du lac Ontario.

Papa, admirant la vue depuis la voiture : "Regardez tous ces quartiers différents ! Toronto est vraiment une ville cosmopolite."

Même après leur installation dans leur logement, Jack et Olivia ne pouvaient s'empêcher de ressentir l'excitation qui les poussait à explorer davantage cette métropole dynamique et captivante. 🏙️CA✨

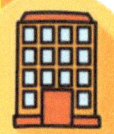
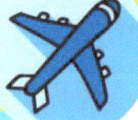

Jack et Olivia étaient déterminés à explorer chaque facette du Canada, mêlant l'excitation des villes dynamiques à la sérénité de la nature sauvage. Leur voyage les mena d'abord à travers les rues animées de Toronto, où ils découvrirent les trésors cachés de la métropole dynamique.

Leur première étape les conduisit à la tour CN, une icône emblématique de la skyline de Toronto. Alors qu'ils montaient au sommet de la tour, Jack et Olivia furent récompensés par une vue à couper le souffle sur la ville étalée à leurs pieds.

Jack, admirant la vue panoramique : "C'est incroyable, Olivia ! On peut voir toute la ville depuis ici."

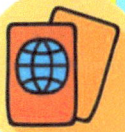

Olivia acquiesça avec un sourire radieux, absorbant chaque détail de la vue spectaculaire.
Olivia, pointant du doigt vers le musée royal de l'Ontario : "Regarde, Jack ! Le musée royal de l'Ontario est là-bas. On devrait y aller après."

Le musée royal de l'Ontario se révéla être une véritable mine de trésors culturels, avec des expositions captivantes sur l'histoire naturelle, l'art et la culture du Canada et du monde entier.

Après avoir exploré les merveilles de la ville, Jack et Olivia ressentirent l'appel de la nature sauvage du Canada. Leur prochaine destination les emmena aux chutes du Niagara, où ils furent fascinés par la puissance et la beauté des chutes d'eau majestueuses.

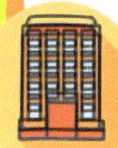
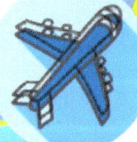

Ensuite, ils s'aventurèrent dans les vastes forêts de l'Algonquin Park, découvrant la richesse de la faune et de la flore canadiennes tandis qu'ils randonnaient à travers des sentiers boisés et des lacs cristallins.

Enfin, leur périple les mena aux majestueuses montagnes rocheuses, où ils furent éblouis par les sommets enneigés, les lacs d'un bleu éclatant et les paysages à couper le souffle qui s'étendaient à perte de vue.

À travers cette exploration des villes et de la nature, Jack et Olivia furent témoins de la diversité et de la beauté époustouflante du Canada, renforçant ainsi leur amour et leur admiration pour ce pays magnifique. 🏙️🌲🏔️

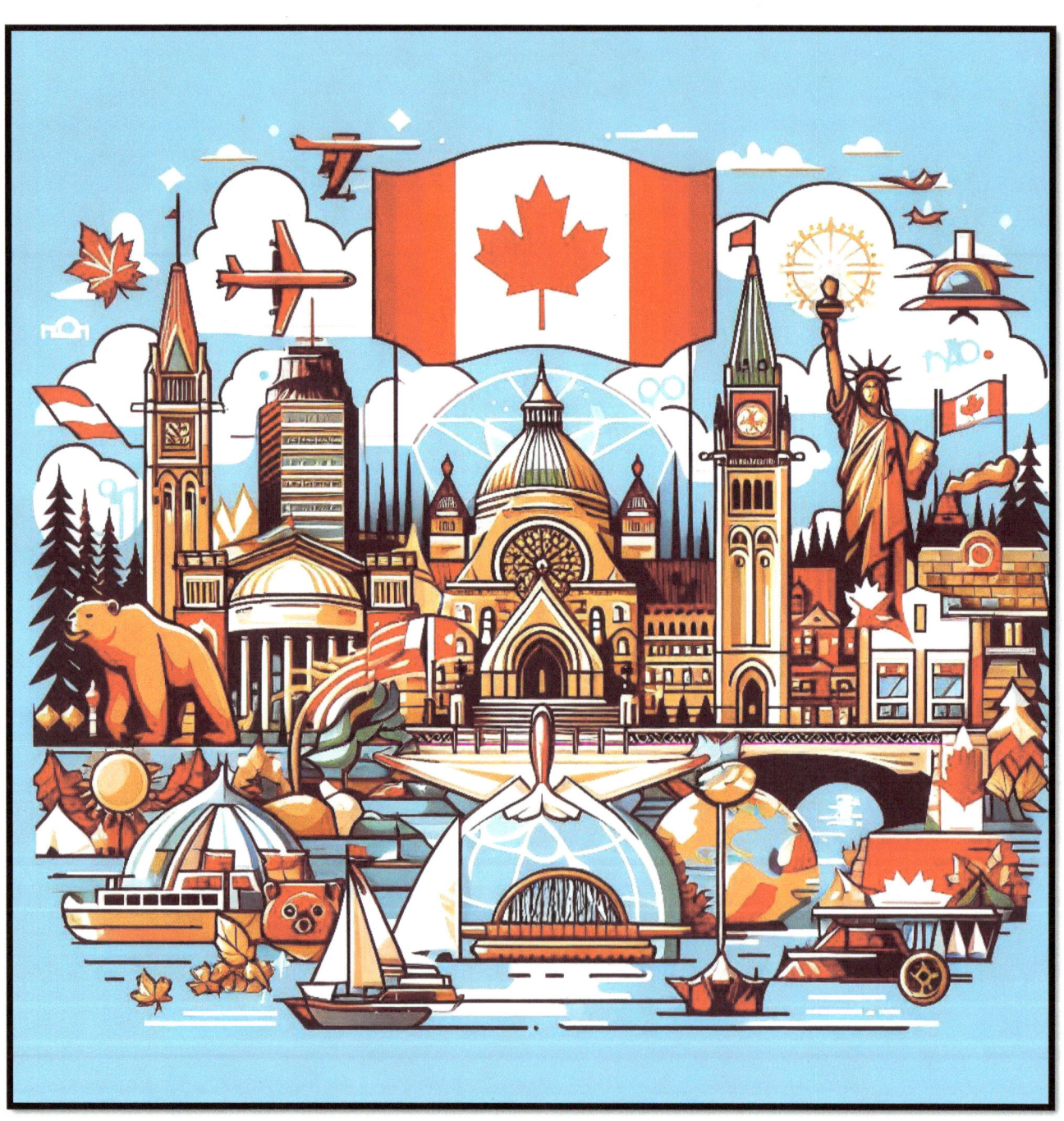

Jack et Olivia étaient avides de découvrir l'histoire fascinante et riche du Canada, une terre façonnée par des siècles de cultures, de luttes et d'innovations. Leur exploration les mena à travers les sites historiques emblématiques du pays, où ils plongèrent au cœur des récits captivants du passé.

Leur premier arrêt les conduisit à la Citadelle de Québec, une forteresse imposante qui témoignait des luttes coloniales qui avaient façonné l'histoire du Canada. Alors qu'ils parcouraient les remparts et les bastions de la citadelle, Jack et Olivia furent transportés dans le temps, imaginant les batailles épiques qui avaient eu lieu sur ces terres historiques.

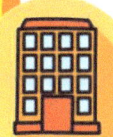

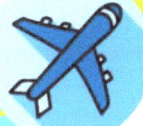

Jack, en admirant les fortifications : "C'est incroyable de penser que cette forteresse a été construite il y a si longtemps. On dirait un château sorti d'un conte de fées."

Olivia acquiesça avec un sourire, ses pensées plongées dans l'histoire mouvementée qui avait façonné cette région pittoresque.

Olivia, contemplant la vue : "On peut presque entendre les échos du passé résonner à travers ces murs."

Leur périple les conduisit ensuite aux fortifications de Halifax, où ils découvrirent l'importance stratégique de cette ville portuaire dans l'histoire maritime du Canada. En explorant les bastions et les canons qui gardaient autrefois la ville, Jack et Olivia furent impressionnés par le riche héritage militaire de Halifax.

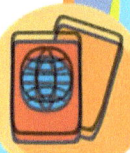

Enfin, ils eurent le privilège de visiter des sites autochtones, tels que les villages hurons-wendat, où ils apprirent sur la culture et les traditions des peuples autochtones qui ont habité ces terres depuis des millénaires. Jack et Olivia furent profondément touchés par la sagesse ancestrale et la connexion spirituelle des peuples autochtones avec la terre.

À travers ces rencontres avec l'histoire du Canada, Jack et Olivia développèrent un profond respect et une appréciation pour les récits et les héritages qui ont façonné cette nation diversifiée et dynamique.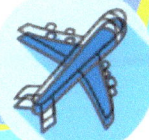

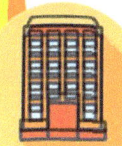

Jack et Olivia étaient impatients de plonger au cœur de la culture vibrante et diversifiée du Canada, une mosaïque de traditions, d'arts et de festivités. Leur exploration les mena à travers une série d'expériences culturelles enrichissantes, leur permettant de découvrir les facettes uniques de la vie canadienne.

Leur première immersion dans la culture canadienne les conduisit à découvrir l'hockey sur glace, un sport emblématique et passionné qui faisait battre le cœur de la nation. Jack et Olivia furent fascinés par l'excitation et l'intensité du jeu, se joignant aux fans enthousiastes alors qu'ils soutenaient leur équipe locale avec ferveur.

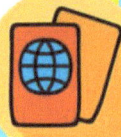

Jack, applaudissant avec enthousiasme : "C'est incroyable de voir à quel point l'hockey est important pour les Canadiens. L'atmosphère dans l'aréna est électrique !"

Olivia acquiesça avec un sourire, absorbant l'énergie contagieuse de la foule alors qu'elle se laissait emporter par l'ambiance palpitante de l'événement.

Olivia, excitée : "Je comprends maintenant pourquoi l'hockey est le sport national du Canada. C'est tellement excitant !"

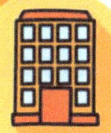
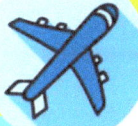

Ensuite, Jack et Olivia eurent le plaisir de participer à une tradition canadienne bien-aimée : la cabane à sucre. Au cœur des érables majestueux, ils découvrirent le processus de fabrication du sirop d'érable, dégustant des mets délicieux comme les pancakes, le bacon et les fèves au sirop, le tout arrosé de sirop d'érable frais.

Enfin, leur voyage culmina avec la célébration de la fête du Canada, une journée dédiée à la fierté nationale et à la camaraderie. Jack et Olivia se joignirent aux festivités, admirant les défilés colorés, dégustant des barbecues en plein air et admirant les feux d'artifice qui illuminaient le ciel nocturne.

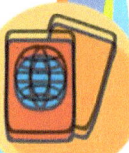

À travers ces expériences culturelles immersives, Jack et Olivia furent témoins de la richesse et de la diversité de la culture canadienne, renforçant ainsi leur connexion avec ce pays fascinant et accueillant. 🏒🍁🎎

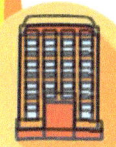
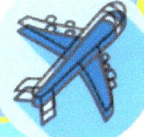

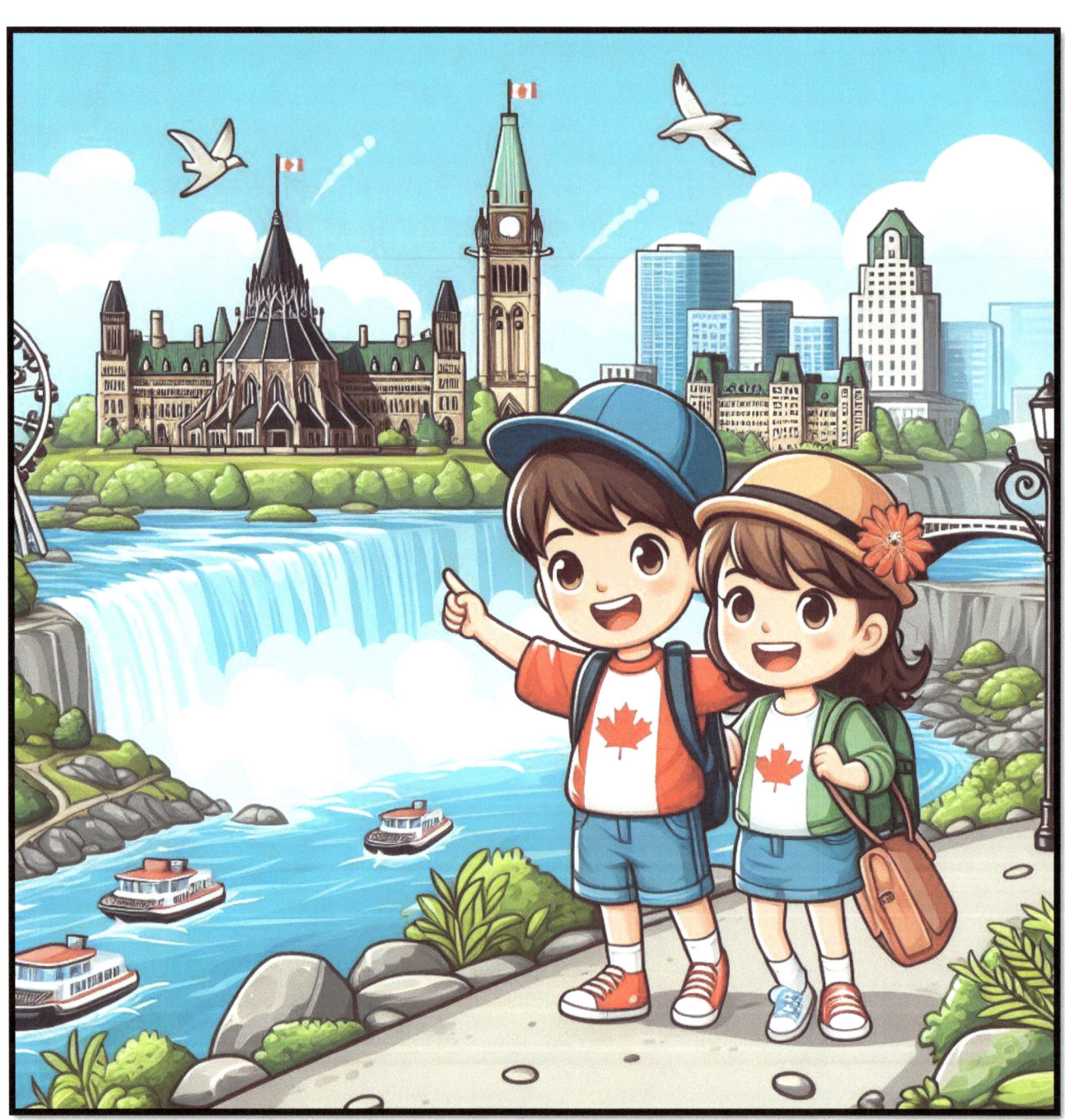

Pendant leur séjour au Canada, Jack et Olivia eurent le plaisir de rencontrer des enfants locaux qui partageaient leur joie de vivre et leur curiosité pour le monde qui les entourait. À travers des rencontres fortuites et des moments partagés, ils tissèrent des liens d'amitié qui enrichirent leur expérience de voyage.

Alors qu'ils se promenaient dans les parcs verdoyants de Toronto, Jack et Olivia firent la rencontre de Liam et Emily, deux enfants canadiens aussi enthousiastes et énergiques qu'eux.

Jack, souriant à Liam et Emily : "Salut ! Vous voulez jouer avec nous ?"

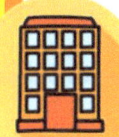

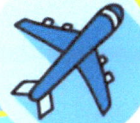

Liam et Emily hochèrent la tête avec enthousiasme, et bientôt, les quatre enfants étaient plongés dans un monde de jeux et de rires, échangeant des histoires et des anecdotes sur leur vie et leur culture.

Olivia, racontant une histoire : "Vous voulez entendre une légende canadienne ?"
Les enfants se rassemblèrent autour d'Olivia, captivés par ses récits d'anciens héros et de créatures mythiques qui peuplaient les contes canadiens.

Emily, partageant un jeu traditionnel : "Et si nous jouions à la balle au prisonnier ? C'est un jeu populaire ici."
Jack et Olivia se joignirent à Liam et Emily, apprenant les règles du jeu et partageant des moments de camaraderie et de compétition joyeuse.

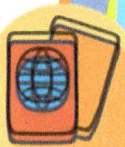

Jack, après avoir marqué un point : "C'est vraiment amusant de jouer avec vous, Liam et Emily. Merci de nous avoir appris ce jeu !"

Liam et Emily sourirent à Jack et Olivia, leur amitié grandissante avec chaque jeu et chaque échange, témoignant de la magie des rencontres fortuites et de la capacité des enfants à se lier instantanément, peu importe d'où ils viennent.

Emily, avec un sourire radieux : "C'est tellement cool de rencontrer de nouveaux amis comme vous. J'espère que vous reviendrez nous rendre visite un jour !"

À travers ces rencontres avec Liam, Emily et d'autres enfants canadiens, Jack et Olivia découvrirent la véritable essence de l'hospitalité canadienne, renforçant ainsi leur connexion avec le pays et ses habitants. 👝🍁✨

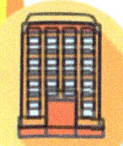
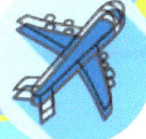

La dernière soirée de la famille au Canada était empreinte d'une douce nostalgie alors qu'ils se rassemblaient pour célébrer les souvenirs précieux et les aventures partagées au cours de leur voyage inoubliable. Assis autour d'une table garnie de plats typiquement canadiens, ils se remémoraient avec tendresse les moments forts de leur séjour.

Maman, souriante : "Ce voyage restera gravé dans nos mémoires pour toujours. Chaque jour était rempli d'aventures incroyables et de rencontres mémorables."

Papa, levant son verre : "À ce magnifique pays, ses paysages époustouflants, sa culture vibrante et son peuple accueillant. Nous avons été vraiment chanceux de vivre cette expérience ensemble."

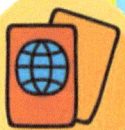

Jack et Olivia hochèrent la tête avec émotion, leurs cœurs débordant de gratitude pour les souvenirs précieux qu'ils emporteraient avec eux.

Jack, se remémorant une aventure dans la nature : "Je n'oublierai jamais nos randonnées dans les parcs nationaux et nos rencontres avec la faune sauvage. C'était comme vivre dans un conte de fées."

Olivia, évoquant une expérience culturelle : "Et les festivals et les célébrations auxquels nous avons participé étaient tellement amusants ! J'ai adoré découvrir la diversité culturelle du Canada."

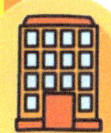

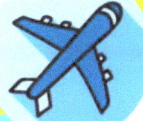

Alors qu'ils partageaient des anecdotes et des rires, la famille se promit de revenir un jour au Canada pour explorer encore plus de merveilles et créer de nouveaux souvenirs ensemble.

Papa, levant son verre une dernière fois : "À notre prochaine aventure au Canada, et à tous les souvenirs que nous avons créés ici. Ce pays restera toujours dans nos cœurs."

Et ainsi, la famille conclut leur dernier soir au Canada dans une atmosphère de gratitude et de joie, reconnaissante pour les expériences partagées et les liens renforcés, tout en anticipant avec impatience les voyages futurs qui les attendaient. ÇA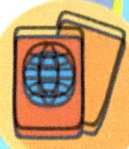

Découvrons quelques mots en Anglais

Découvrons quelques mots en Anglais

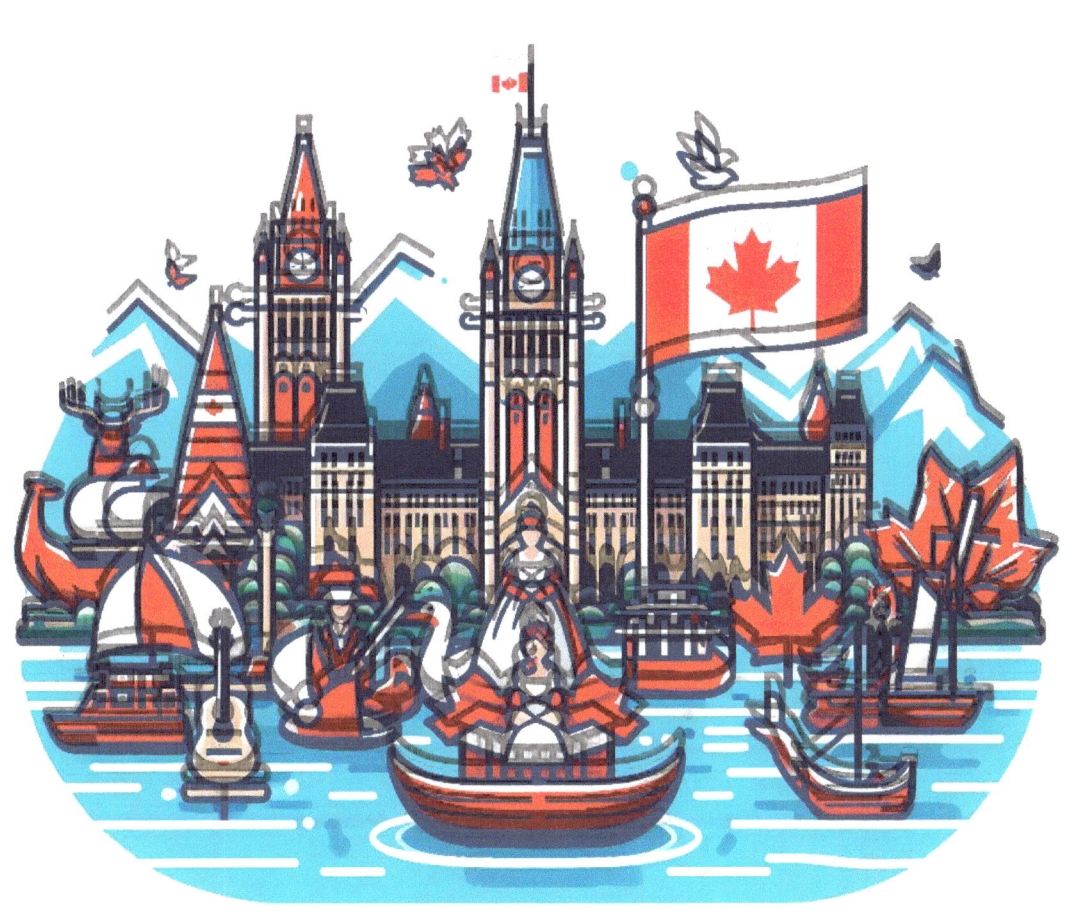

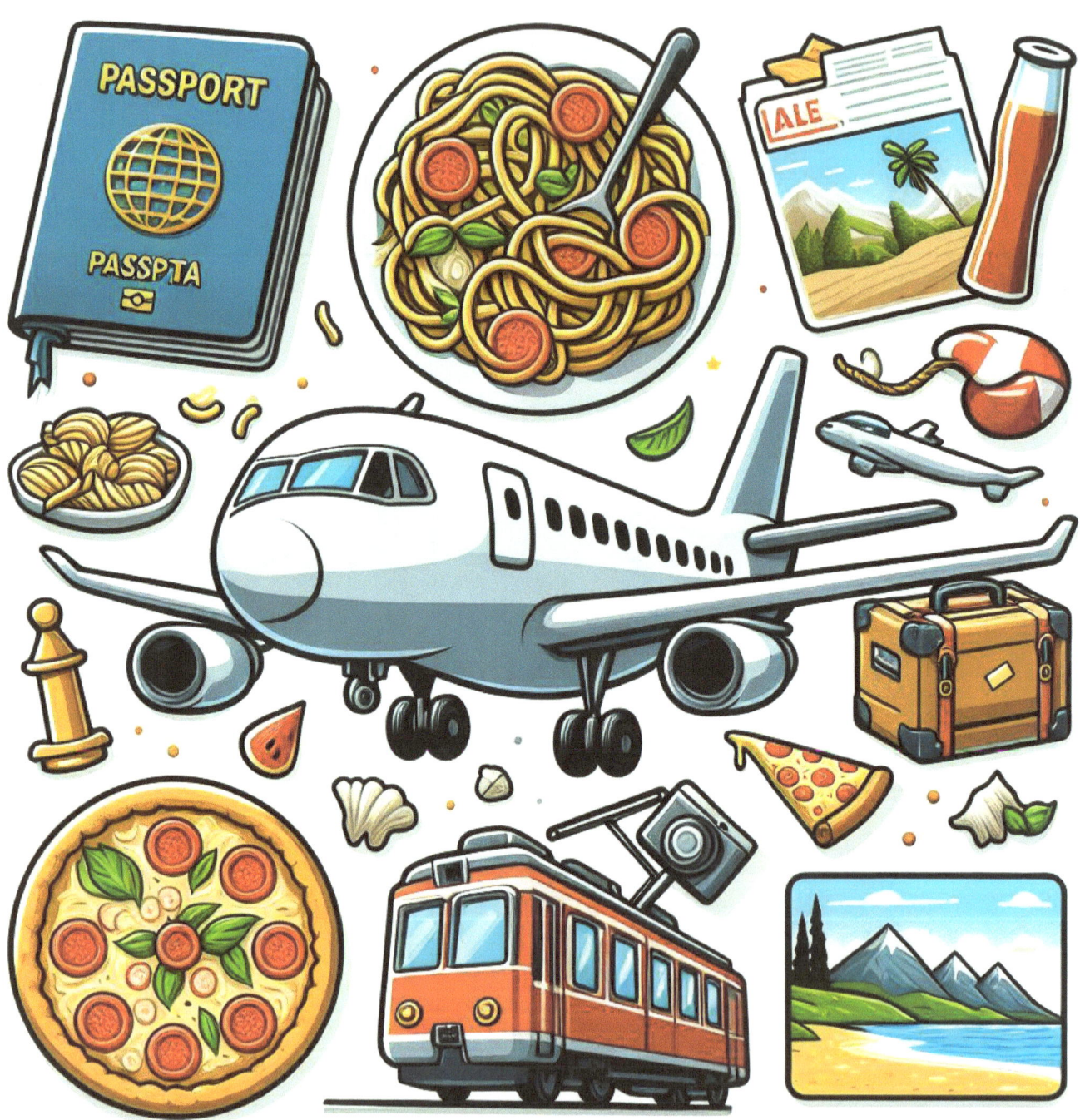

1. **Avion** - Airplane
2. **Bagages** - Luggage
3. **Passeport** - Passport
4. **Langue** - Language
5. **Pizza** - Pizza
6. **Gondole** - Gondola
7. **Tour Eiffel** - Eiffel Tower
8. **Gelato** - Gelato
9. **Graffiti** - Graffiti
10. **Pasta** - Pasta
11. **Train** - Train
12. **Hôtel** - Hotel
13. **Plage** - Beach
14. **Montagne** - Mountain
15. **Mer** - Sea
16. **Cathédrale** - Cathedral
17. **Musée** - Museum
18. **Cuisine** - Cuisine
19. **Vin** - Wine
20. **Rue** - Street

J'espère que cela vous sera utile ! ✈️🏛️🏨🗺️🏛️🍕🚆🌊🍷🏡🏢

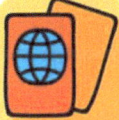

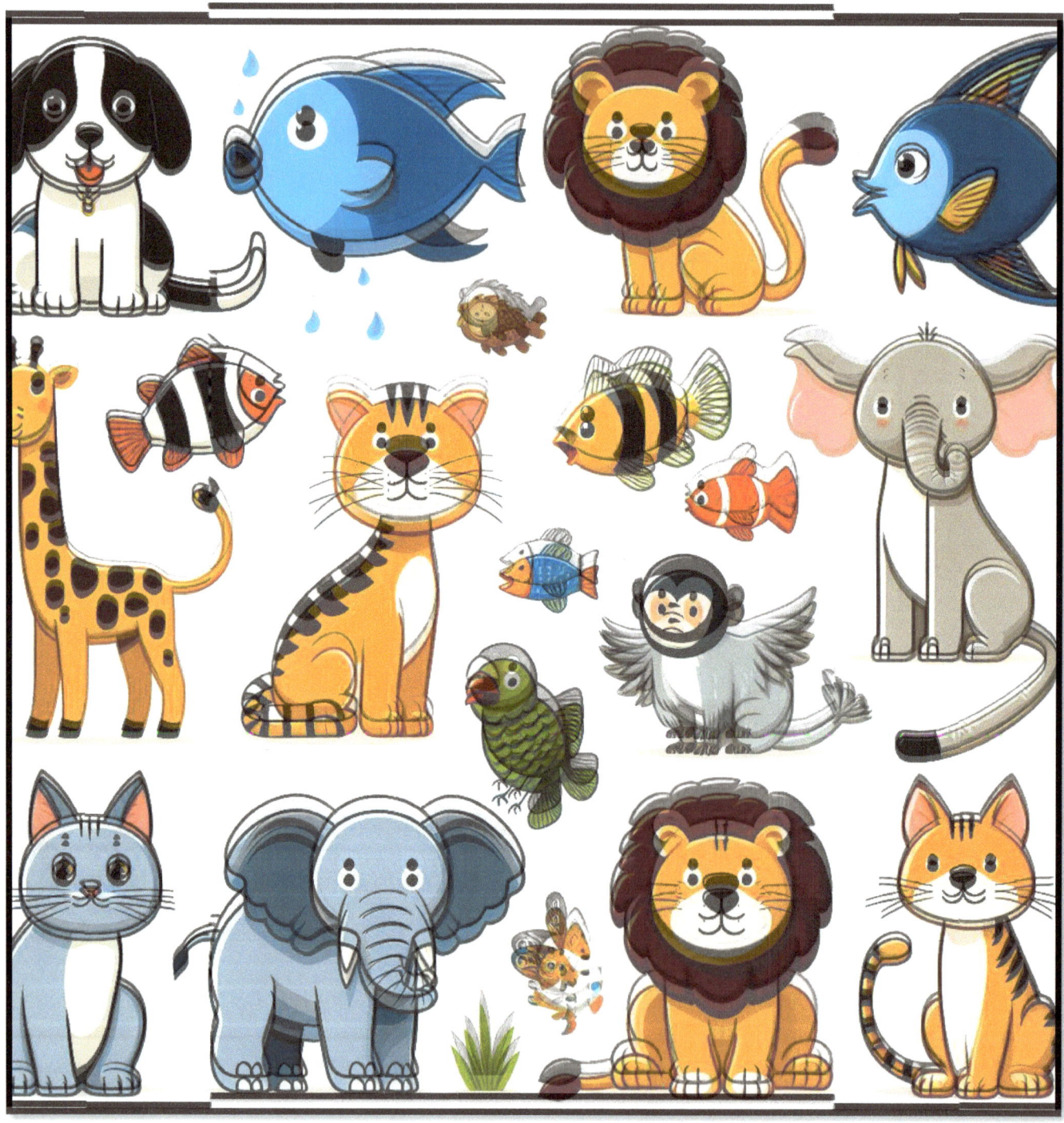

1. **Chien** = Dog
2. **Chat** = Cat
3. **Oiseau** = Bird
4. **Lion** = Lion
5. **Éléphant** = Elephant
6. **Tigre** = Tiger
7. **Giraffe** = Giraffe
8. **Poisson** = Fish
9. **Singe** = Monkey
10. **Renard** = Fox

J'espère que cela vous sera utile !

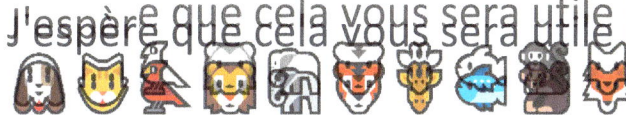

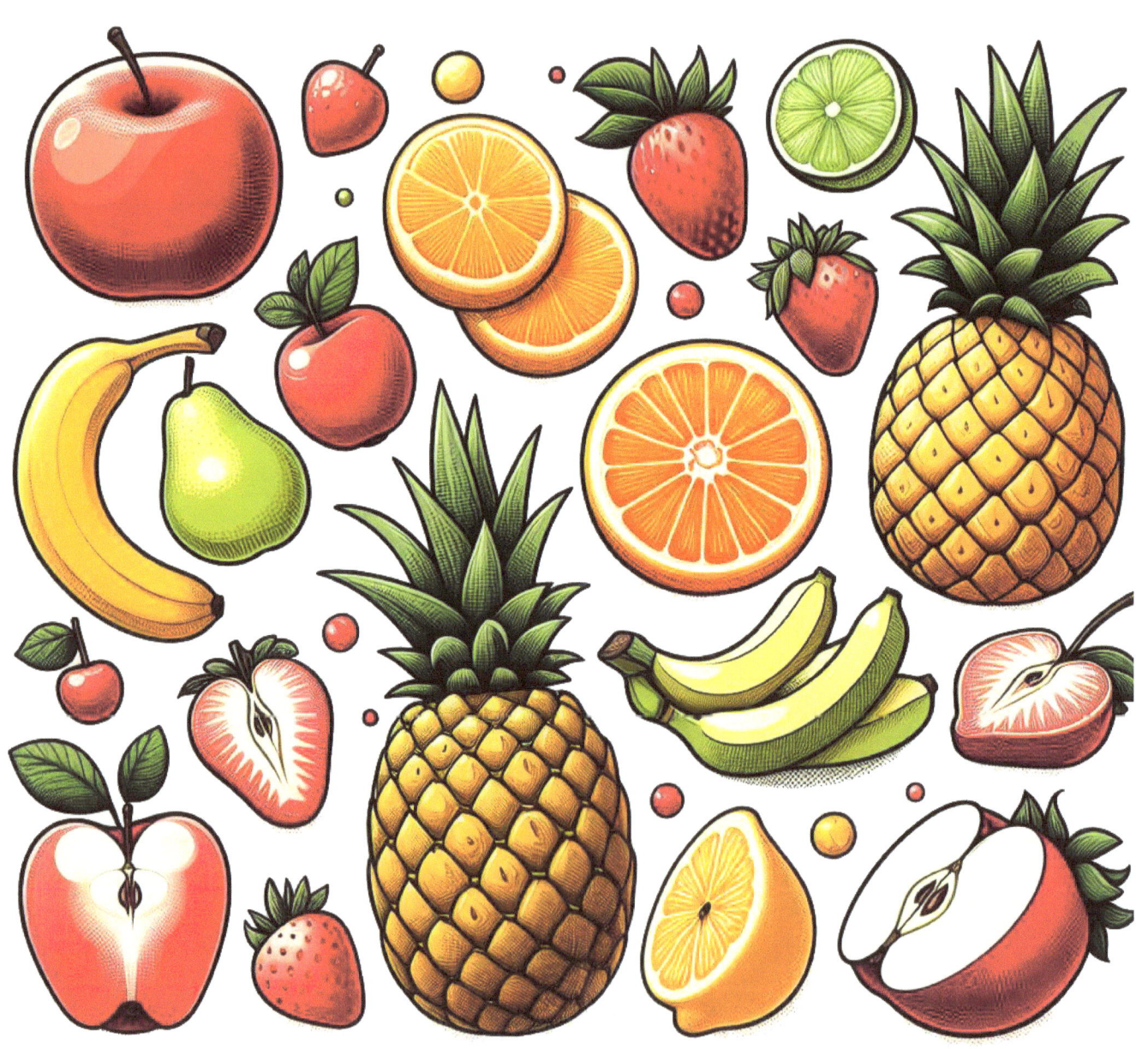

1.**Pomme** - Apple
2.**Banane** - Banana
3.**Orange** - Orange
4.**Fraise** - Strawberry
5.**Ananas** - Pineapple
6.**Raisin** - Grape
7.**Cerise** - Cherry
8.**Pêche** - Peach
9.**Poire** - Pear
10.**Citron** - Lemon

J'espère que cela vous sera utile !

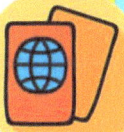

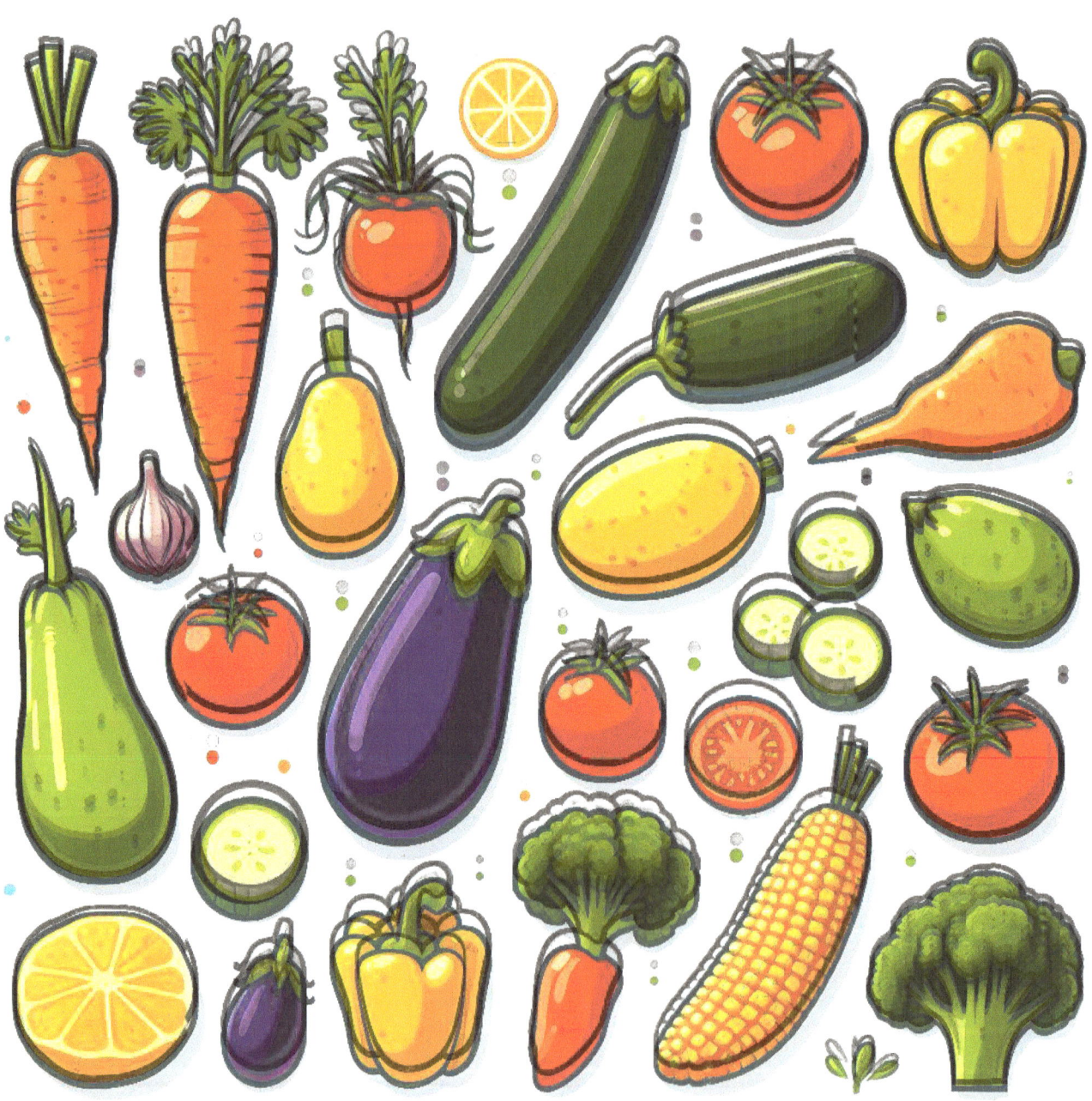

1. **Carotte** - Carrot
2. **Tomate** - Tomato
3. **Pomme de terre** - Potato
4. **Courgette** - Zucchini
5. **Aubergine** - Eggplant
6. **Poivron** - Bell pepper
7. **Brocoli** - Broccoli
8. **Chou-fleur** - Cauliflower
9. **Épinard** - Spinach
10. **Haricot vert** - Green bean

J'espère que cela vous sera utile !

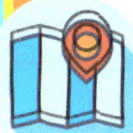

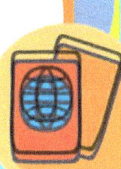

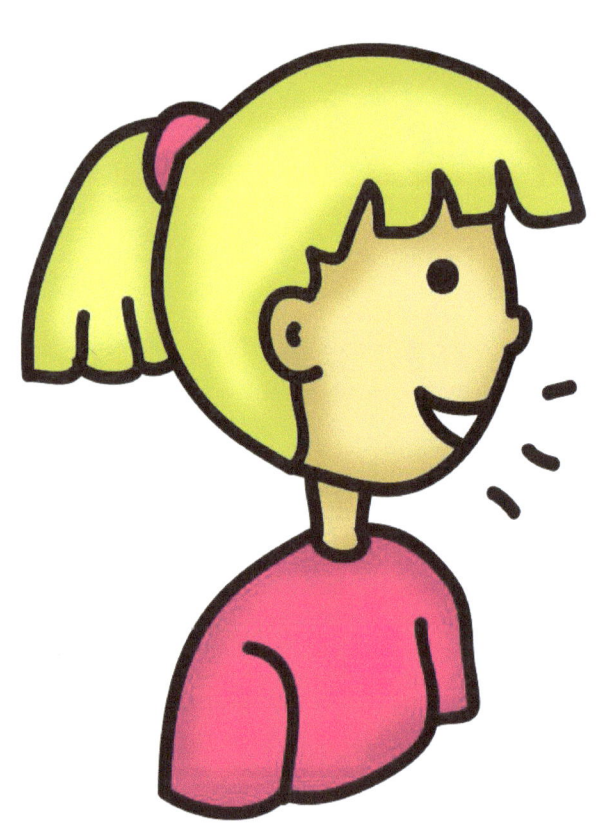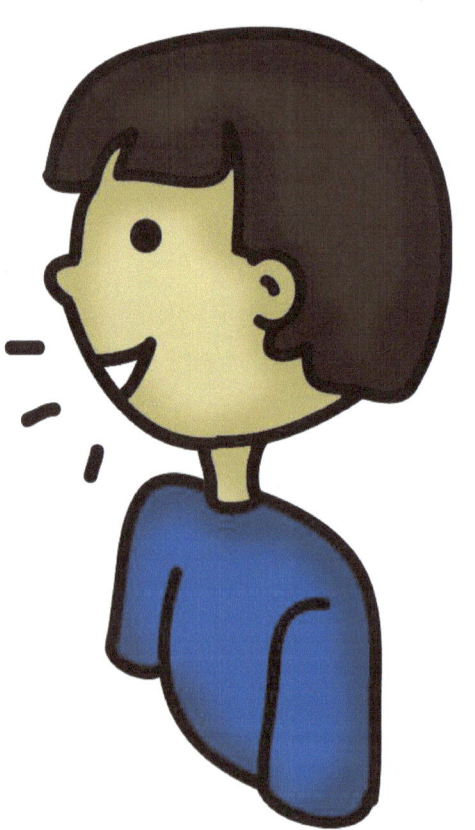

Voici quelques phrases simples en français avec leur traduction en italien:

1. **Bonjour ! Comment ça va ?**
   - Hello! How are you?
2. **Je veux aller en Italie pour voir la Tour de Pise.**
   - I want to go to Italy to see the Leaning Tower of Pisa.
3. **Où est la gare ? Je dois prendre le train pour Rome.**
   - Where is the train station? I need to take the train to Rome.
4. **J'aime manger des pizzas et des gelatos en Italie.**
   - I like to eat pizzas and gelatos in Italy.
5. **Les plages en Italie sont magnifiques.**
   - The beaches in Italy are beautiful.
6. **Nous visitons un musée aujourd'hui.**
   - We are visiting a museum today.

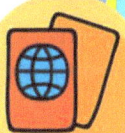

7. **Les fruits et les légumes sont très frais au marché.**
   - Fruits and vegetables are very fresh at the market.
8. **Les chiens et les chats sont des animaux domestiques populaires.**
   - Dogs and cats are popular pets.
9. **Quelle est votre couleur préférée ?**
   - What is your favorite color?
10. **Je voudrais acheter une bouteille de vin italien.**
    - I would like to buy a bottle of Italian wine.

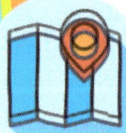
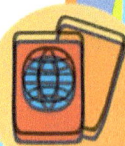

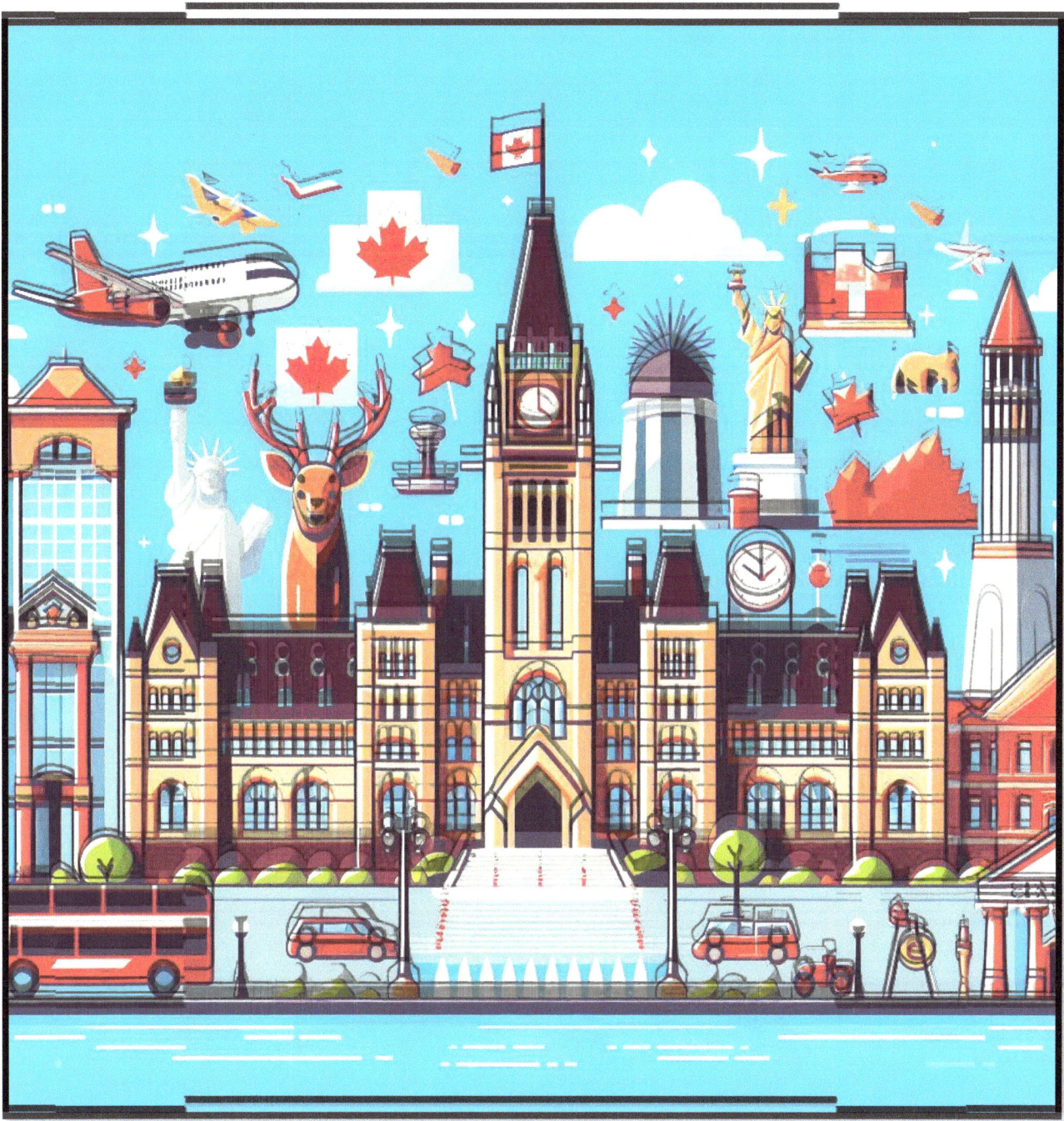

Pour plus de livres amusants, veuillez visiter notre page auteur
sur Amazon : Safia Asmae